©Devsisters Corp.

- **1판 1쇄 인쇄** | 2015년 5월 29일
- **1판 12쇄 발행** | 2018년 2월 19일
- **글** | 조주희
- **그림** | 이태영
- **감수** | 김장미
- **발행인** | 이정식
- **편집인** | 최원영
- **편집장** | 안예남
- **편집** | 김이슬, 이은정, 박현주, 최다혜
- **디자인** | 이명헌, 최한나, 남정임
- **출판영업** | 홍성현, 임종현
- **제작** | 이수행, 주진만
- **출력** | 덕일인쇄사
- **인쇄** | (주)에스엠그린
- **발행처** | 서울문화사
- **등록일** | 1988. 2. 16
- **등록번호** | 제2-484
- **주소** | 04376 서울특별시 용산구 새창로 221-19
- **전화** | 02)791-0754(판매) 02)799-9363(편집)
- **팩스** | 02)749-4079(판매) 02)799-9334(편집)

ISBN 978-89-263-8701-6
     978-89-263-9810-4 (세트)

달리는 쿠키들의 한자 대모험

쿠키런
©Devsisters Corp.

한자런

서울문화사

감수의 글

'한자'는 과학이나 역사와 같이 우리 아이들이 꼭 배워야 할 과목입니다. 왜일까요?

세종대왕이 한글을 만들기 이전, 우리 조상들은 한자를 사용하여 편지를 쓰고,
시도 쓰고 자신의 생각을 적는 등 실생활에 필요한 모든 내용들을 기록했습니다.
한마디로, 의사소통의 수단이 한자였던 것이지요.
자랑스러운 한글이 만들어져 글을 읽고 쓰기가 편해졌지만,
우리말의 70% 이상은 여전히 한자어로 이루어져 있습니다.

"영희와 나는 운동을 했습니다."라는 문장에서 '운동'은 한자어입니다.
'움직이다'라는 뜻의 옮길 운(運)과 움직일 동(動)으로 이뤄진 단어입니다.
"소중한 친구에게 편지를 쓰다."라는 문장에서 역시
'소중'과 '친구', '편지' 모두 한자어입니다.
이렇듯 한자를 알면 말이나 문장을 보다 더 쉽게 이해하고 글을 쓸 수 있습니다.
또, 의사소통도 쉬워지며, 다른 공부에도 많은 도움을 줍니다.
많은 과목의 용어 대부분이 한자어이기 때문에 이해도를 높일 수 있지요.

모두들 한자는 배우는 것이 어렵다고 합니다.
〈쿠키런 한자런〉은 쉬운 한자부터 재미있게 배울 수 있는 책입니다.
'천 리 길도 한 걸음부터'라는 속담처럼, 이 책을 통해 여러분이 한자에 흥미를
가졌으면 합니다. 무슨 공부이든 흥미나 재미가 없으면 성취하기가 어렵습니다.
책을 재미있게 읽는 동안 한자 실력이 쑥쑥 성장하기를 기대합니다.

김장미(봉담중 한문교사)

머리말

한자, 달리기, 놀이동산이 금지된 쿠키나라를 한자로 구하는 초등 쿠키들의 신나는 모험담!

우리가 하는 말 중에는 '쿠키런'처럼 외국말이 섞여 있기도 하고,
'이슬비'처럼 순우리말도 있고, '전력질주'처럼 한자로 된 말도 있어요.
이 중에서 한자는 우리가 쓰는 말의 상당한 부분을 차지하고 있지요.

그렇기 때문에 차근차근 한자를 익히면
처음 접하는 단어의 뜻도 쉽게 알 수 있고,
한자 실력과 함께 **이해력**과 **사고력**도 쑥쑥 자란답니다.

〈쿠키런 한자런〉에서 재미있는 이야기를 읽다 보면
여러분도 어느새 한자와 친해지게 될 거예요.
마녀가 금지시킨 한자의 비밀을 알게 된 쿠키 초등학생들이
쿠키나라를 구하기 위해 모험을 떠나는 이야기가 펼쳐지거든요.

쿠키 주인공들과 함께 신나는 모험을 펼치며
재미와 감동이 있는 순간,
잊을 수 없는 한자들과 만나 보세요!

우리와 함께 가자!

등장인물 소개

명랑한 쿠키

놀이동산에서 우연히 용감한 쿠키와 만나고 난 후, 그의 친구들과 함께 쿠키나라를 구하러 떠난다. 펫인 치즈방울과 함께 다닌다.

달리기는 엄청 빠르지만, 할머니가 가르쳐 주는 한자를 잘 외우지 못하는 쿠키. 친구들과 쿠키나라를 구하기 위해 모험을 떠난다.

용감한 쿠키

쿠키앤 크림 쿠키

용감한 쿠키의 할머니. 지금은 많이 약해졌지만 과거엔 용과 싸우던 전설의 쿠키.

보더맛 쿠키

용감한 쿠키의 친구로, 언제나 보드를 타고 다닌다. 친구들과 달리는 게 좋아 모험에 함께한다.

예언자맛 쿠키

쿠키앤크림 쿠키와 함께 과거 용을 물리친 영웅 쿠키. 포춘 쿠키로 예언을 하지만 자주 빗나간다.

딸기맛 쿠키
약해 보여서 종종 무시받지만 인터넷 검색으로 새로운 정보를 잘 찾아내는 쿠키.

닌자맛 쿠키
보더맛 쿠키와 함께 달리는 것을 좋아하며, 조용히 숨어 있거나 벽을 타고 빠르게 움직이는 특기가 있다.

마법사맛 쿠키
굴뚝 마녀의 마법에 대적할 수 있는 능력을 지녔다고 전해진다. 마법지팡이와 마법사전을 들고 다닌다.

웨어울프맛 쿠키
바위산에 사는 정체불명의 미남 쿠키.

불꽃정령 쿠키
뜨거운 용의 협곡에서 탄생했다는 전설 속의 쿠키. 과거 쿠키나라의 영웅이었으나 갑자기 굴뚝 마녀의 하수인이 되었다.

악마맛 쿠키
원래는 악마가 아니었지만 타락주사를 맞고 악마가 되었다. 불꽃정령 쿠키의 명령이라면 무조건 따른다.

연금술사맛 쿠키
각종 약을 만들 줄 아는 쿠키. 도시와 멀리 떨어진 큰 성에서 살며, 무언가 비밀을 숨기고 있다.

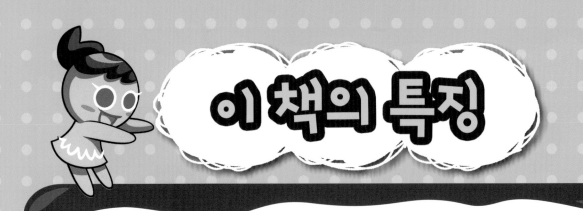

이 책의 특징

❶ 맥락으로 기억한다!

이 책은 이야기의 맥락과
강하게 연결된 한자 만화로,
흥미진진한 내용을
따라가다 보면
자연스럽게 한자를
익힐 수 있습니다.

❷ 시각으로 기억한다!

만화 속에서
중요한 장면마다
큰 이미지의 한자가
인상 깊게 등장하여
눈으로 한자를
먼저 기억하게 됩니다.

3

기초부터 학습한다!

획이 많고 어려운 뜻의
상급 한자보다는
초등학생이 접하기 쉬운
초급 한자부터
차근차근 배웁니다.

불 화(火).

뫼 산(山).

4

반복해서 기억한다!

만화에서 한자가
여러 번 등장하여
반복 학습이 가능하고,
권말 집중 탐구로
확실히 정리합니다.

여기서
하수인(下手人)이란

손 수(手).

아래 하(下).

사람 인(人)!

차례

둘이 막상막하(莫上莫下)야.

실력의 위아래를 구분할 수 없다는 막상막하(莫上莫下)!

뿡

뿡

뿡

뿡

콰아아

〈쿠키런 한자런〉 3권에 등장하는 한자

책 속에서 찾아봐~!

老 늙을 로

城 성 성

毒 독 독

藥 약 약

解 풀 해

秘 숨길 비

密 빽빽할 밀

父 아비 부

女 여자 녀

強 강할 강

繼 이을 계

林 수풀 림

水 물 수

蟲 벌레 충

害 해로울 해

風 바람 풍

莫 없을 막

電 번개 전

石 돌 석

氷 얼음 빙

아이고 삭신이야~

이젠 우리도 늙었나 봐!

老
늙을 로

성으로 가고 싶다면 나를 따르시오!

城
성 성

毒藥
독 독   약 약

해독약은 저 연금술사맛 쿠키에게 맡겨 주세요!

좌충우돌!
해독약 만들기

11장

原 安 安
男 龍 安
美 龍

解
풀 해

어서
좀비 부녀에게
해독약을
주라고~!

크아

크아아

초코 좀비!

치즈 좀비!

세상에….

쿠키나라 최고의 부자와 그 딸이 좀비가 됐어.

이게 무슨 소리지?

집에 있는 제 실험실에서 해독약을 더 만들 수 있어요.

그래? 그럼 연금술사맛 쿠키의 집으로 다 같이 가자!

수정구슬로 누군가 연락을 해 왔어.

저렇게 큰 구슬을 품 속에 넣고 계시다니….

척

후우웅

짜잔!

팟

마법사맛 쿠키?

화악

컥

커억

안녕하신가, 예언자맛 쿠키. 자네 예언은 여전히 빗나가겠지?

쿡쿡쿡

아니! 버터크림 초코쿠키, 자네 왜 좀비가 되었나?

더러운 입 좀 치워!

저분이 마법사맛 쿠키님이신가요?

내 자수정~

어째서 노인(老人)이 아니시죠? 하얀 머리의 어린아이처럼 보이는걸요?

툭 툭

에고~

마법사맛 쿠키도 우리처럼 노인(老人)이었지.

아이고...

나이가 들어 허리가 굽은 모양의 늙을 로(老) 말이야.

에고 힘들어~

老

그런데 마법사맛 쿠키가 어려지는 샘물에 빠지는 바람에….

그 얘기는 하지 마!

쿠쿠쿠

컥

흠… 내가 지금 길게 이야기를 못 한다네.

마법 지팡이를 떨어뜨리는 바람에 고장이 났거든.

덜덜

덜

원래 제대로 쓰지도 못하면서.

나는 지금 불꽃정령 쿠키를 만나러 가고 있네.

콰아아

뭐?!

쿠오오오오

이미 굴뚝
화산(火山)의
문(門) 앞이라네.

굴뚝 화산?!

자네 미쳤나?

불꽃정령 쿠키가
자네를 가만두지
않을 거야!

버럭

욱

그 녀석은
완전히
변했다고!

걱정 말게.
우린 친구가 아닌가?
친구끼리 싸우면
안 되지.

안 돼!

으아아아

뚝

통신이 끊겨 버렸어.

팍

팍

마법사맛 쿠키님은 괜찮을까요?

우리가 구하러 가야겠구나.

네?

너희가 두 좀비를 데리고 연금술사맛 쿠키의 집으로 가렴.

할머니, 할아버지 두 분이 불꽃정령 쿠키를 상대하시려고요?

일단 우리끼리 가 보마. 너희까지 함께 갔다가는 더 큰일이 날지도 몰라.

불꽃정령 쿠키를 잘 설득해 보마.

네.

리치리치 빌딩에서 다시 만나자꾸나.

조심하세요!

훅

너무 느리신데….

비틀

에고 내 다리~

걱정돼.

그럼 우리도 갈까?

우리가 늙긴 많이 늙었나 봐. 다리가 아파 걷기도 힘들구면.

우리는…

털썩

늙을 로 (老).

사람 인 (人).

부들

부들

걸어선 도저히 못 가겠다.

백성을 널리 도와주겠노라~.

의적맛 쿠키?

휙

굴뚝 화산으로 갈까, 젊은이?

헐...

쉬이이

아무리 노인(老人)이라도 이건….

어서 가!

그런데 연금술사맛 쿠키의 집이 어딘지 자네 아는가?

모르지.

연금술사맛 쿠키라….

어디서 많이 듣던 이름인데.

너무 걱정 말게. 영리하고 용감한 아이들이니 믿어 봐.

해독약으로 좀비들을 치료하고 곧 돌아올 걸세.

슈우우우

흙 토(土) 위에

이룰 성(成)이 합쳐진

성 성(城) 말이야.

'땅 위에 이루어 놓다,

성을 만들어 놓다'라는 뜻이구나.

성!

어딘가 좀 으스스한데?

귀신이 나올 것 같아.

무슨 소리야. 으스스하다니! 귀신도 없다고!

휙

아무도 살지 않는 성(城) 같아!

내가 사는 곳이거든!

끼이이

여기가 우리 집이야.

뭐?

연금술사맛 쿠키, 너….

오해하지 마! 난 나쁜 쿠키가 아니….

버럭

후… 다행히 믿어 주는구나.

이 성(城)의 비밀을 알아차리기 전에 해독약을 줘서 빨리 돌려보내야겠어.

캬오

크앙

깜짝

다들 구경 그만하고 이리 와!

획

획

그래. 지금부터 독(毒)을 치료하는 약(藥)을 만들 거야!

붕

붕

독 독(毒)자는 산모(母, 어미 모)에게 약초(艸, 풀 초)를 주는 모양이야.

아무리 좋은 약이라도 너무 많이 먹으면 오히려 독이 되지.

艸→主

그래서 독 독(毒)은 '사람을 해치는 풀'이라는 뜻으로 독, 고통을 뜻하게 된 거야.

신기하다!

독(毒)을 치료하는 약(藥)은

후우웅

후우욱

나는 지금부터 독을 약으로 풀어야 돼.

풀 해(解)를 넣어서 해독약(解毒藥)을 만들 거야.

풀 해(解)?

소 우(牛)와 뿔 각(角)과

칼 도(刀)가 합쳐진 말이야.

칼로 소의 뿔을 자르는 거지.

고기를 먹기 위해 소를 잡아 칼로 풀어 헤쳐서 나누는 것처럼 모든 것을 풀어 낸다는 뜻이지.

풀 해(解)!

도망가자~

독을 풀어 내는 약!

해독약(解毒藥)!

해독약이란 말에 이렇게 많은 한자가 숨어 있다니…!

앗, 벌써 시간이 이렇게 지나 버렸네.

해가 지기 전에 끝내야 해.

우리는 여기서 하룻밤 자도 돼.

팍 팍

팍

안 돼! 해가 지기 전에 돌아가―!

차아악

그, 그게 그러니까….

우물 쭈물

해독약(解毒藥)을 만들려면 시간이 많이 걸려서 그래.

그렇구나.

갑자기 소리를 질러서 깜짝 놀랐어!

하하

휙

큰일 날 뻔했어.

시간이 많이 걸린대…

연금술사맛 쿠키가 좀 이상해 보여!

해지기 전까지 하자!

해독약은 모든 재료를 넣고 네 시간을 팔팔 끓여 줘야 완성돼.

너희가 나를 도와줘야겠어.

쿵

엄청 큰 솥이다!

용감한 쿠키,
너는 힘이 세니까
불을 더 지펴 줘.

알았어!

힘들다.

하지만
나에겐…

제트 방귀가
있지ー!

잘했어…

닌자맛 쿠키는 내가 달라고 하는 물약을 높은 선반에서 꺼내 줘.

이런 건 내 전문이지.

사사삭

획

팟

척

획

보더맛 쿠키는 약초(藥草)를 날라 줘.

어디든 달려 갑니다~!

촤아아아

그리고 명랑한 쿠키, 너에겐 정말 중요한 일을 맡길 거야.

해독약을 만드는 데 꼭 필요한 약초(藥草)가 있어.

약(藥)이 되는 풀(草, 풀 초) 말이지?

보글

보글

천사 약초라는 건데,
천사맛 쿠키의 머리 모양처럼
생겼거든.

굼적

주변의 바위산에서
자라는데 찾기가
힘들지.

휘이이

천사 약초가 없으면
해독약은 절대
완성되지 않아.

쾃

응,
걱정 마!

저 두 쿠키를
원래대로
돌려놓기 위해
꼭 찾아오겠어!

크아~

크아아~

파앗

다녀올게~!

팍

팍

다들 부지런히 움직여!

휙

팍

팍

팍

휘익

뿡

뿡

연금술사맛 쿠키?

저...

스윽

나를 잊은 것 같아서 말이야.

딸기맛 쿠키.

나는 뭘 하면 좋을까?

방해되니까 안 보이는 곳에 있어 줘!

파

팍

팍

파팍

촤악

너무해!

뿡

뿡

으아앙~

어서 해독약(解毒藥)을 만들자!

스윽

오~!

파이팅!

이런! 연금술사맛 쿠키의 성에서 해독약을 만들고 있잖아!

헐!

쉬 이 이 이

秘
숨길 비

빽빽해서
아무것도
안 보여~

密
빽빽할 밀

연금술사맛
쿠키의 성엔
무엇이 숨겨져
있을까요?

훗,
내가 직접 가서
밝혀 주지!

낯선
미남 늑대 쿠키
등장 ♥

藥
약 약

12장

비밀의 성

草

풀초

내 비밀은
무게~?

그 성에선
무슨 일이…?!

내려 주지 마.
묶인 게 좋아!

여전히 시끄럽군,
마법사맛 쿠키.

불꽃정령
쿠키?

털썩

제 발로 호랑이 굴에
기어 들어오다니,
바보 같은 녀석.

자넨 이렇게
뜨거운 곳에서
어떻게 사나?

난 불꽃정령
쿠키잖아!

하여간 용사맛
쿠키나 자네나
정말 특이해.

바보냐?

용사맛 쿠키와 날 비교하지 마. 난 그 녀석이 정말 싫어.

용사맛 쿠키는 자네가 악당이 된 이유를 말하지 않고 비밀을 지켜 주었네.

잘난 척하긴. 재수없어!

용사맛 쿠키는 의리 있는 친구야. 그래서 나도 여기까지 온 거라고.

힝!

휙

난 자네가 굴뚝 마녀의 하수인이 된 이유를 꼭 들어야겠네.

쿠키들을 위해 용감하게 싸웠던 자네가 왜 이젠 쿠키들을 멸망시키려 하는 것인가?

화 ㄹ ㄹ

그거야 간단하지.

쿠키들은 어차피 멸망하기 위해 태어난 존재야.

뭐?

콰

아

아

아

붉은 용을 만났을 때 난 깨달았지.

절대 이길 수 없다!

쿠키들이 상상할 수도 없는 엄청난 힘이 있어.

캬-아-아-아

우리가 사는 쿠키나라 너머엔!

쿠키나라 너머…?

용사맛 쿠키도 깨달았을 거야.

그래서 비겁하게 용의 협곡에 숨어 있는 거라고.

난 차라리 붉은 용의 부하가 되기로 했네.

콱

자네도 하루빨리 마음을 돌리는 게 좋아. 살아남고 싶다면 말이야.

가까이 오지 마!

스윽

그래. 그 아이는 오빠를 치료하려고 약물을 만들다 연금술사가 되었지.

몰랐어.

그 가문의 남자아이는 꼭 뱀파이어가 되더라고.

그게 연금술사의 약점(弱點)이구나!

그리고….

그래, 그래. 또 뭐?

뱀파이어 성은 굉장히 위험한 쿠키런 경기장이야.

콰 쾅

예부터 뱀파이어 가문은 용맹한 달리기 선수들이었지.

지금은 어떨지 모르지만.

세상에...

그렇다면 그 성에
펫 알이 숨겨져
있겠군.

마법사전으로
찾아볼까?

펑

깍~

반짝

마법사전? 쿠키나라의
경기장을 모두 알려 준다는
전설의 그 책?

이건 내 거야!

턱

역시 넌 참
마음에 들어.

알아서 모든 비밀을
술술 말해 주거든.

스윽

아이쿠~
내가 다 말해
버렸네!

내놔,
마법사전!

안 돼,
내 거야!

콱

콰악

스윽

마법사맛
쿠키!

쉬이이

응?

어서 뛰어!

무서운
노인(老人)들…!

친구들~!

후다닥

살았다!

도망가게
두실 거예요?

됐어. 어차피
갈 데야 뻔한걸.

흥!

뱀파이어 성
말인가요?

그래. 나도
참가하고 싶군.

씨익

헛!

쿠키런
레이스에!

휘이이이

나도 잘하는 게
있단 말이야.

흑 너무해...

스윽

힘도 약하고
빠르지도 않고
벽을 타진
못해도….

툭

죄송합니다!

제가 사고를 치고 말았네요!

이상한 문이 있네?

동상에 가려져 있었구나.

끼이이

어라? 이게 뭐야?

우와, 내가 비밀(秘密) 통로를 찾아냈나 봐.

빼꼼

비밀(秘密)이란 숨길 비(秘) 자와 빽빽할 밀, 은밀할 밀(密) 자로 구성된 말이야.

그래서 비밀(秘密)은 은밀하게 숨기는 것을 말하지.

秘

척

密

일부러 숨겨 놓았기 때문에 알기 어려워.

보고 싶지만 보이지 않네!

?

왠지 이 성(城)엔 엄청난 비밀(秘密)이 숨겨져 있을 것 같아!

城

휘이이

하지만 나 딸기맛 쿠키는 비밀 냄새 맡는 데는 도사라고!

척

◇

여긴 분명 무언가를 숨기려고 만든 비밀 통로일 텐데….

들어가면 안 될 것 같은데….

슬쩍~。

발이 하나 들어갔네! 어쩜 좋지?

끼아아아

어쩌긴!

비밀(秘密)이라고 하면 꼭 더 알고 싶어지더라.

탁 탁 탁 탁

이 성의 비밀(秘密)을 알아봐야겠어.

탁 탁 탁

천사 약초(藥草)!

파닥

파닥

어디 있지?

아무리 봐도 없어.

치즈방울, 네 눈에도 안 보여?

설레

설레

골짜기로 내려가 볼까?

미끌

아얏!

오아아아

위험해!

다치고 싶지
않으면 가까이
오지 마.

벌떡

털썩

우당탕

쿵

퍽

헉!

아프잖아!

미, 미안.

버럭

나에게서
도망쳐.

내 안의 괴물이
널 해칠 거야.

이상한
녀석이네.

얼굴엔
흉터투성이…!

하지만 아름다울 미(美)에 사내 남(男)··· 미남(美男)이잖아?

나는 비밀(秘密)이 있는 미남에게 약하단 말이야!

깍~

어서 도시로 돌아가. 저 성(城)은 위험해.

그게 무슨 소리야?

휘이이이

네 곁에 더 있고 싶은걸?

응? 응?

밤이 되기 전에 저 성(城)을 나오는 것이 좋을 거야.

밤이 되기 전에?

난 이만 가겠어.

잠깐! 혹시 천사
약초 못 봤어?

가 버렸네….

굉장히 좁은
길들이 많네.

멋진 그림과 화려한 골동품이 가득해.

전부 비싸 보여!

조심해야겠다!

어? 이건 창문이 아니네.

그냥 벽이야.

이 상자들은 뭐지?

죽은 쿠키를 담는 관처럼 생겼네. 무서워!

미, 미안해요!
제가 또 실수를….

으아아~

으으으…

괜찮으세요?

스윽

쿠아아

뱀파이어다!!

城

이제 거의
다 됐다.

부글

부글

천사 약초만 넣으면
끝인데 명랑한 쿠키가
아직 못 찾았나 봐.

화악

뻥

뻥

방귀 이제
그만 뀌어!

아무도 없나요?

뿌우웅

쿵쿵

누구지?

끼이이

장사꾼이면
가 주세요.
우린 바쁘니까.

샤방~

안녕하세요, 저는 코코아맛 쿠키랍니다.

샤방~

귀, 귀엽다!

오~

오오~

네 이름 안 궁금해. 우린 바쁘니까 그만 가!

척

갈 곳이 없어요….

제가 바보같이 산에서 길을 잃었어요.

자, 이 동네 지도야. 어서 네 갈 길 가렴.

연금술사맛 쿠키!

휙

하지만 이미 해가 저물고 있는걸요?

늑대 울음소리도 들리던데….

꽈악

하룻밤만 재워 주시면 안 되나요?

바둥

바둥

앗, 벌써…

해가 지고 있어!

큰일 났다!

꼴깍

재워 줄 수 없어! 당장 나가!

밖은 춥고 무서워요.

콱

콱

콱

너무해, 연금술사맛 쿠키.

길을 잃었다잖아?

불쌍한데 하룻밤만 묵게 해 주자.

이렇게 나쁜 녀석인 줄 몰랐네!

뭐라고?

쿵

그럼 너희도 당장 성에서 나가!

철퍽

왝

스윽

열심히 돕던 우리까지 내쫓는 이유가 뭐야?

흥!

방귀를 하도 뀌어서 힘이 없어.

보드도 고장 났다고.

끼이이

혹시 우리에게 말 못 할 비밀(秘密)이라도 있는 거야?

그, 그건….

어떡하지.

천사 약초를 찾지 못했는데 해가 져 버렸어.

휘이이이

연금술사맛 쿠키가 기다릴 텐데.

천사 약초는 도대체 어디 있는 거야?

뿔뿔뿔

질겅 질겅

아… 열심히 찾다 보니 천사 머리가 보이네?

안녕? 명랑한 쿠키?

어? 천사맛 쿠키랑 좀비맛 쿠키?

좀비맛 쿠키 때문에 고생을 많이 했다고 들었어.

그래서 우리가 도울 게 있을까 해서 온 거야.

미안해하지 마. 좀비맛 쿠키는 죄가 없어. 타락주사에 맞아 변한 거니까.

질겅

질겅

아, 그렇지! 좀비맛 쿠키에게 해독약(解毒藥)을 쓰면 좀비맛 쿠키도 좀비가 아닌 정상적인 쿠키가 되지 않을까?

척

좀비맛 쿠키는 훨씬 더 강력한 마법에 걸려 있어서 해독약으론 안 돼.

그렇구나. 어차피 약초를 못 찾아서 약도 못 만들 것 같아.

이 풀 신기하네? 내 머리랑 똑같이 생겼잖아!

!

그건!

쑤욱

힘을 합쳐 달리자~!

繼

이을 계

走

달릴 주

그런다고 이길 수 있을까?

父

아비 부

女

여자 녀

아이고~ 예쁜 내 딸♥

우리는 사이좋은 부녀!

아빠~ 제가 그렇게 예뻐요?

13장

위기의 레이스, 시작!

난 강해!

強
강할 강

난 약해….

弱
약할 약

천사 약초!

이게 바로 내가 찾던 천사 약초야!

함께 연금술사맛 쿠키의 성으로 가자.

오빠, 그만해!

이게 무슨 일이야…?

여기는 뱀파이어 남매의 성이었어!

난 아니야! 우리 가문은 남자들만 뱀파이어로 태어난다고!

크아아

아악

쿵

어제는 좀비, 오늘은 뱀파이어…?

집을 잘못 찾았어…

아이들이 아직 안 왔구먼.

텅~

지금쯤이면 버터크림 초코쿠키 부녀(父女)를 치료하고 와 있을 줄 알았는데.

음…

부녀(父女)!

사냥감을 잡는 도끼를 들고 있는 것도 같고

자식을 가르치는 회초리를 든 모습 같기도 한 아비 부(父).

손을 앞으로 모으고 공손히 무릎을 꿇고 앉은 여자의 모습인 여자 녀(女).

네 아버님!

버터크림 초코쿠키 부녀(父女)의 모습은 정반대인데….

크아

다소곳

다소곳~

부녀(父女)는 아버지와 딸을 뜻하는 거구면.

그래. 부녀가 모두 좀비가 되어서, 해독약을 구하러 연금술사맛 쿠키의 집으로 보냈지.

오빠, 그만하라니까!

내 성에 들어온 이상 그냥 나갈 순 없다! 모두 이리 와!

우릴 물려고 해!

코아아

으아아~

좀비!

무서워!

헉!

코앙

빡

미안해요.

쿵

우릴 공격하길래….

해가 지기 전에 우리를 보내려고 한 게 오빠 때문이었어?

낮에는 햇빛이 무서워 성에 숨어 있고

밤에는 나와서 쿠키들의 피를 빨아먹는 뱀파이어잖아!

그건 다 바깥세상 쿠키들이 지어낸 이야기야.

뱀파이어는 쿠키를 해치지 않아.

그건 내가 제일 좋아하는 포도 주스야.

너희도 마셔 볼래?

타

나는 쿠키의 피가 담긴 유리잔도 봤어!

파닥

파닥

관에 숨어 있는 것도 봤는데….

관이 제일 편하니까! 여기서 자면 진짜 아늑해.

우릴 물려고 쫓아왔잖아?

그건 오랜만에 쿠키들을 보니 엄청 반가워서 그런 거야.

이상한 녀석이야.

그럼 연금술사맛 쿠키가 해 지는 걸 무서워한 이유는 뭐야?

그건…

밤이 되면 성이 이상하게 변하기 때문이야.

이상하게 변하다니?

밤이 되면 이 성은 쿠키런 경기장으로 변해.

오아아~

쿵

쿵

쩍

쾅

쿵

휙

쿠키런 경기장?

이렇게 시끄러운데 밤에 잠을 잘 수 있겠어? 그래서 낮에 자 두는 거라고.

거기 발밑을 조심해.

응?

끼이이

오아아아~

콰

아

아 아

차라리 산에서 길을 잃는 게 낫겠어.

사방에 길이 생긴다—!

달리기 경기장이야!

우리 남매도 끝까지 달려 보려고 했지만, 늘 중간에서 포기했지.

게다가 움직이는 방해물이 끊임없이 나와서 달리기가 힘들어.

우리 조상들은 이 경기장에서 매일 달리기 연습을 하며 강해졌다는데

오빠는 게을러서 포도 주스만 마시고

나는 뱀파이어 병을 고칠 약(藥)을 만드느라 바빠서….

그럼 우리가 가 볼까?

뭐?

궁금하지 않아?

경기장 끝에 뭐가 있을지!

멋진 경기장이야!

경기장 끝에는 늘 펫 알이 있어.

우리 남매는 펫이 없어도 괜찮은데….

아니야. 펫은 쿠키들에게 큰 힘을 줘. 친구도 되어 주지.

휙

다 함께 달리며 서로 돕는다면 경기장 끝까지 갈 수 있을 거야.

함께 달린다고?

척

여기 경기장은 폭이 좁아.

오직 한 명의 쿠키만 달릴 수 있어.

좁은 길을 여럿이 한꺼번에 뛰다가는 밑으로 떨어지는 쿠키가 생겨서 경기가 끝나 버릴 거야.

파바박

으아아

한 명의 쿠키만 달릴 수 있다니….

우린 연금술사맛 쿠키를 돕느라 힘이 다 빠졌어.

그럼 누가 대표로 달리기를 할 수 있을까?

제트 방귀도 힘을 잃었고

피시시

보드도 망가졌고

딸그락

팔다리에 힘이 없어.

부들

부들

나도 천사 약초를 구하느라 지쳤어.

어쩌지?

나는 괜찮아. 완전 팔팔해!

바로 앞이 뱀파이어 성입니다.

쉬이이

서두르자!

방법이 없네. 어쩐담….

이봐! 무시하지 말라고!

파닥

스근 스근

파닥

캬아아아

으앗!

꺅

뭐가 떨어졌어!

후우웅

파닥

파닥

너희 벌써부터 힘이 없어 보이는데?

이래서는 경기가 너무 쉽잖아~!

파닥

파닥

악마맛 쿠키?

오늘은 옆에
노인들이 안 보이는군.
도와줄 어른도 없으니
이를 어쩌면 좋을까?

카악

휘청

철컹
철컹

이런, 버터크림
초코쿠키가
좀비가 됐잖아?

너 정도는
우리끼리도
해결할 수
있어!

욱

크하하~

이름에 걸맞게
엄청 용감하군~!

정말 멋진 경기장이야. 아직까지 이런 곳이 남아 있다니!

뱀파이어 남매!

난 뱀파이어가 아니야!

역시 대단한 가문이야.

포도 주스 좋아해?

스욱

챙

싫으면 말로 해….

예전 뱀파이어 가문은 정말 강(强)했지. 매일 경기장에서 힘을 단련했으니까.

여기서
강할 강(强)은

활(弓,
활 궁)을

힘차게
잡아당겨서

벌레(虫,
벌레 충)를 맞추는
모습의 한자야.

강(强)하다!

꺄악!

척

하지만 지금의
뱀파이어 가문은
너무 약(弱)해졌어.

툭

쿠키런 경기장이
매일 밤 나타나는데
끝까지 가 보지도 않는
한심한 후손들.

척

음...

약할 약(弱)은 새가
힘없이 날개를
늘어뜨린 모습의
한자지.

추욱~

뱀파이어 가문은 이제 강(強)하지 않고 약(弱)하다. 이 한심한 후손들아!

이 아저씨는 누구야? 아까부터 머리카락이 활활 불타고 있는데 모르나 봐.

불꽃정령 쿠키와 악마맛 쿠키야.

마녀에게 쿠키나라를 바치려는 나쁜 악당.

화르르

스근 스근

크아! 다 들려~

저, 저는 길을 잃어 잠깐 성에 들른 여행자일 뿐입니다.

그만 나가 봐도 될까요…?

어딜~!

짝!

휙

무서워….

귀엽다!

걱정 마. 우리가 지켜 줄게.

으이그~ 남자들이란.

하여간 불꽃정령 쿠키는 우리 성에 왜 온 거야?

당연히 경기장에서 경기를 하러 왔지.

펫 알도 차지하고 말이야.

펫 알!

펫 알은 붉은 용이 제일 좋아하는 간식이지.

크아아아

게다가 펫을 먹을 때마다 힘도 강해진다고.

그럼 펫을 부화시키는 것이 아니라 죽여 버리는 거잖아?!

펫은 쿠키의 좋은 친구야. 힘도 강하게 해 주고 위험할 때 도와준다고!

그래서 모두 없애 버리는 거잖아~!

쿠쿠쿠

바보들~

이곳처럼 큰 경기장에는 펫 알도 여러 개 숨겨져 있을 거야.

모두 내가 차지하겠어. 여기서 제일 빠르고 강한 건 바로 나니까.

불꽃정령 쿠키님 파이팅!

팡

팡

우리가 가만둘 것 같아?

펫을 지켜 줄 거야!

어리석긴, 밤은 짧아. 이 성의 경기장은 해가 뜨면 사라진다고.

휙

휘익

말싸움할 시간도 없으니, 난 먼저 출발하겠다!

파앗

파닥

파닥

한자런 101

척

너희 같은 하급(下級) 쿠키들은 절대 나 같은 상급(上級) 쿠키를 이길 수 없어!

차아아

어쩌지? 불꽃정령 쿠키를 이길 수 있는 쿠키는 우리 중에 없을 텐데….

좀비~

단 하나의 쿠키일 필요가 있을까…?

그게 무슨 소리야?

계주(繼走)를 하는 거야!

와

와아

그래, 이어달리기!

뭐?

한자를 봐.

실 사(糸) 자에

우리가 주욱 이어진 모습처럼 생긴 글자를 더하면

이을 계(繼)!

실처럼 이어져 연달아 있다는 거야.

그리고 달릴 주(走).

두 한자가 결합하면 '이어서 달리다'.

계주(繼走)!

좁은 길이라 한 번에 한 명의 쿠키만 달릴 수 있으니, 힘이 떨어질 때마다 주자를 바꾸는 거야.

혁

혁

파앗

다음은 너!

저쪽은
불꽃정령 쿠키 혼자만
달릴 테니까.

우리가 이을 계(繼)의
모습처럼 힘을 합치면
따라잡는 것도
가능해.

우리도 참여할게.
도움이 되고 싶어.

그럼 어떤
순서로 주자를
정할까?

뱀파이어 가문의
자존심을 걸고
우리도 참여하겠어.

좋았어!

와!

경기장은 구간마다 장애물이 달라져. 장애물에 맞춰 순서를 정하면 될 거야.

미리 경고해 두지만, 장애물들은 굉장히 위험해. 조심하라고.

덜덜

첫 번째 구간은 별다른 장애물 없이 빨리 달려야 하는 곳이야.

파앗

그럼 나부터 시작할게. 치즈방울이 내 달리기 속도를 최고로 올려 줄 거야.

모두 함께 따라가면서 주자를 바꾸자!

좀비~.

화악

오빠!

오케이!

휘익

14장

힘을 합쳐 달리다!

害
해로울 해

蟲
벌레 충

電
번개 전

난 벌레가 싫어!

힘내, 친구들~

금세 또 멀어졌어.

괜찮아. 명랑한 쿠키와 치즈방울도 열심히 따라가고 있으니까!

하급(下級) 쿠키 치고는 잘 따라 오는군.

저기 봐! 문에 한자가 쓰여 있어.

화악

林

나무 목(木) 자가 두 개 붙어 있는 수풀 림(林) 자야.

나무가 여러 개 모여 있으니 숲을 뜻하는 거지.

다음 경기장은 숲을 지나가는 건가 봐!

林

휙

정말 울창한 숲이다! 나무를 타고 위로 올라가야 해.

불꽃정령 쿠키는 이미 올라가고 있어!

다다다다

나뭇가지 때문에 속도가 안 나잖아!

턱

윽!

그렇다면 다음 주자(走者)는 닌자맛 쿠키야!

팟

좋았어!

명랑한 쿠키, 내 차례야!

닌자맛 쿠키, 불꽃정령 쿠키를 따라잡아 줘!

휘익

탁

파바박

닌자맛 쿠키가
빠르게 나무를
오르고 있어.

파

파

파팍

팍

역시 벽이나
기둥을 타는 건
닌자맛 쿠키가
최고야!

저것들이
특기를 이용해
이어달리기를
하고 있잖아?

그래 봤자 우리
불꽃정령 쿠키님을
이길 수는 없다고.

팍

팍

휘릭

닌자맛 쿠키라고 했던가?
나무를 꽤 타는군.

확

하지만 곧
바삭바삭하게
구워 주지!

화르르르

물이 흐르는 모습을 나타낸 물 수(水)!

혁 혁

좌아아

앗, 차가워.

좌아

다행이다! 숲(林, 수풀 림)의 불이 꺼지고 있어.

이 물을 헤치고 지나가라고?

좌아아아

난 물에 약한데…!

으아… 여길 어떻게 지나가지?

내가 갈게! 보드가 고장 났지만

나무판을 하나 뜯어서 만들면 돼.

와작

꼬맹이들, 본때를
보여 주마!

붉은 용에게
받은 용의 불꽃!

저게
뭐지?

후우웅

후웅

차

아

아

아

차

아

펑

불꽃 폭탄?

다시 따돌렸어요!

다음 방으로 가는 문이야. 이번엔 어떤 한자지?

저 한자는 벌레 충(蟲)!

우글

우글

발이 없는 벌레들이 많이 모여 있는 것을 본뜬 글자야.

이게 뭐지?

우르르

우린 벌레다!

우글   우글

해충(害蟲)은 해로운 벌레를 말하지.

애애앵

앵

그래서 해충약(害蟲藥)은 해충을 잡는 약이고!

나도 해충약이 필요해!

애앵

치이익

치이이

벌레들아, 비켜라! 연금술사맛 쿠키가 나가신다!

생각보다 잘 뛰는데? 역시 뱀파이어 가문의 후손이야!

치이

치이이

앵

모기 떼만큼이나 짜증 나는 꼬맹이 쿠키들!

저리 가~

앵

치이이

치이

앵앵

조금만 더 가면 따라잡을 수 있어.

앵앵

그만 달려들어! 이 귀찮은 해충(害蟲)들아!

화르르르

화악

헉, 불꽃정령 쿠키가 벌레들을 불길로 모두 날려 버렸어.

상급(上級) 쿠키가 강하긴 강하구나.

해충약(害蟲藥)도 아무 소용이 없어졌어.

힘내~

으앗! 날아가 버릴 뻔했어!

바람 풍(風)!

바람 풍(風) 자는 바람을 받는 돛 또는 바람처럼 자유로운 봉황새를 본떠 만든 글자야.

바람이 너무 세서 앞으로 나아갈 수가 없어.

휘이이이

연금술사맛 쿠키도 날아갈 것 같아.

다음은 내가 가겠어!

파앗

용감한 쿠키!

으아아아

초코방울, 내게 강력한 힘을 줘.

쿵

어쩌려고 그러지? 용감한 쿠키는 불꽃정령 쿠키보다 훨씬 가벼워서 날아갈 텐데….

휘이이이

초코방귀, 아니 초코방울.
내게 다시 힘을 모아 줘!
수퍼 울트라 3연속
방귀다!

불꽃정령 쿠키를
넘어섰어!

저 녀석이 뱀파이어
가문의 성을 방귀로
오염시키고 있잖아?

그래도 붉꽃정령
쿠키보다
앞서고 있어.

방귀나 뀌는
하급 쿠키에게
지는 건
있을 수 없는
일이야!

또 불꽃으로 변신했어!

슈아아악

용감한 쿠키를 추월한다!

카아아

둘이 막상막하(莫上莫下)야.

실력의 위아래를 구분할 수 없다는 막상막하(莫上莫下)!

뿡

뿡

뿡

뿡

카아아

莫上莫下

없을 막,
말 막(莫)은

태양이 초원에
진 모양으로, 해질
무렵을 뜻하는
한자야.

그래서 실력의
상하(上下)를 구분할
수 없는 경우 막상막하
(莫上莫下)라는 말을
하게 된 거지.

뿅
콰아아
뿅
뿅

어쩌면 우리가 이길 수
있을지도 몰라.

휘이

불꽃정령 쿠키는
혼자 달리고 있기 때문에
점점 힘이 달릴 거야.

다음 문이
나타났다!

電

뿅

쉬이이

비 우(雨) 자에

번개가 내리치는 모양의 신(申) 자가 붙은

번개 전(電)!

여긴 번개가 수없이 떨어져. 한두 번은 괜찮지만 많이 맞으면 목숨이 위험해!!

파지직

불꽃정령 쿠키는 빠르게 달려서 번개를 피하기로 했나 봐.

이곳을 빨리 빠져 나가야겠어!

촤아아아

콰 지 직

콰직

이런! 그래도 못 피했네.

불꽃정령 쿠키님, 괜찮으세요? 제가 이어서 달릴까요?

너 같은 하급 쿠키가 어떻게 대신 달린다는 거야, 이 멍청한 녀석!

탁

전 그냥 도와드리고 싶어서….

악마맛 쿠키….

용감한 쿠키도 못 버티고 있어.

파 지 지 직

좀비~

팟

털썩

좀비맛 쿠키가 이어받았어.

여길 달리겠다고? 다음 주자로 뛰겠다는 거야?

쿵

좀비~

터치

탁

좀비!

좀비맛 쿠키의 펫인 브레인껌도 함께 출발했어.

쉬이이

혹시 번개도 좀비는 피해 가지 않을까?

설마?

번쩍

파지

지직

아니구나.

파지지직

파지직

두 쿠키 모두 번개에
엄청 맞고 있는데?

번쩍

콰지직

콰직

털썩

좀비맛 쿠키가
못 견디고 쓰러졌어.

파츠츠

달리기 선수가 하나라도 탈락하면 경기는 지게 돼.

번쩍

불꽃정령 쿠키는 번개에 수없이 맞으면서도 달려 나가고 있어.

콰직

콰직

역시… 강해!

좀비맛 쿠키가 불쌍해. 내가 대신 달릴 거야.

안 돼!

넌 번개를 못 견딜 거야.

절겅

절겅

좀비….

벌떡

저것 봐! 좀비맛 쿠키가 일어났어.

좀비~

다시 달린다!

파바박

이것 봐!

브레인껌은 쓰러진 쿠키를 다시 일으켜 세우고 힘을 회복시켜 준대.

획

번쩍

좀비~

또 일어섰어!

삘떡

콰지직

털썩

또 일어나!

뭐야, 저 좀비 녀석. 어떻게 계속 다시 일어서는 거야?

삘떡

하아… 번개를 너무 많이 맞아서 금방이라도 쓰러질 것 같아.

비틀

나도 계주(繼走)를 함께 할 수 있는 친구가 있었으면….

휙

맞아, 내게도 그런 친구들이 있었지.

번쩍

캬오

아니야! 약해 빠진 생각은 그만하자.

내가 저런 하급 쿠키에게 질 순 없어!

화악

질 것 같은데?

좀비~

좀비맛 쿠키가 거의 따라잡았어.

와

또 다른 문이야.

쉬이이이

살았다! 번개만 아니면 괜찮아.

콰

아

아

아

꽥—! 돌도 싫어!

쿵

언덕 아래에 놓인 돌의 모양을 닮은 돌 석(石) 자.

石

15장

레이스의 승자는 누구?

으아아야약~

이겨야만 해!

흥!

莫

없을 막

하지만 계속 쏟아지는 돌을 피할 수 있을까?

불꽃으로 변해서 돌을 깨뜨리며 달리고 있어!

헉

좀비맛 쿠키가 떨어질 것 같아 선수 교체를 했지만

헉

돌(石) 구간은 나에게 불리해.

우르르

콰

아 아 아

돌이 너무 많다고!

명랑한 쿠키가
쓰러졌어!

괜찮아?
안 다쳤어?

너는 바위산에서
만난….

저 녀석은 웨어울프맛 쿠키야.

바위산에서 혼자 숨어 사는 쿠키로 알고 있는데, 갑자기 경기장에 나타났어.

날 구해 주러 온 거야?

꽉

다음 주자는 웨어울프맛 쿠키다!

파

앗

가까이 오지 마! 널 다치게 할지 몰라!

휙

또...

철퍽.

먼 옛날 늑대 쿠키의 것이었던 펫 알을 되찾으러 왔다!

또 그 얘기군.

장애물을 돌파하는—

콰아

거친 늑대로 변신—!

웨어울프맛 쿠키가 늑대였다니!

날아오는 돌을 모두 부숴 버린다!

크 아 아 아 아

쾅 쾅 쾅

엄청난 힘이다!

저런 쿠키가 갑자기 어디서 나타난 거야?

흥, 늑대 쿠키 녀석. 뱀파이어 성에 숨겨진 펫 알이 자기 것이라고 매일 우긴다니까.

뱀파이어들이 늑대 쿠키들의 펫 알을 훔쳐 갔다나 뭐라나.

그래서 늘 뱀파이어 성 앞에서 우릴 감시한다고.

내 거야.

휘이이이이

이 성의 펫 알은 바로 나, 웨어울프의 것이다!

쾅

쾅

쾅

쾅

이건 또 어디에서 나타난 쿠키야?

웨어울프맛 쿠키…
자기 옆에 있으면
위험하다고 한 이유가
늑대로 변신하기
때문이었어?

진짜
멋있잖아?

정신 차려!

웨어울프맛
쿠키가 다음 문으로
넘어갔어!

팟

쉬이이이

저 달리기
구간을 지나면
출구(出口)야.

氷

슈우우

드디어
마지막!

그런데 마지막
문에 얼음 빙(氷)
자가 붙어 있어.

氷

얼음 빙(氷)?

얼음 빙(冫)에 물 수(水)가 합해져서 '물이 얼다'라는 뜻이지.

악! 이럴 수가!

미끌

빙글 빙글 깨갱

물이 얼어서 미끄러워!

펑

헉!

미끌

미끌

으아아

웨어울프맛 쿠키는 얼음에 약하구나.

여기는 너같이 힘만 센 놈보다는 균형 감각이 있는 쿠키가 유리하다고.

치이익

치익

불꽃정령 쿠키도 얼음 위에서 힘든 건 마찬가지일걸?

내 뜨거운 몸이 얼음을 녹여 질척거리잖아?

치이이

철퍽

철퍽

달릴 수가
없어!

으악ㅡ!

미끌

첨벙

첨벙

둘 다
서 있기도
힘들어 보여.

선수 교체가
필요해.

얼음 위에서도 잘 달릴 수
있는 힘과 균형 감각이 있는
쿠키 말이야.

흥!

늦어서
미안하다!

팟

파앗

쾅

예언자맛 쿠키님과
쿠키앤크림 쿠키님!

마법사맛
쿠키님도
오셨어.

이럴 수가!

우리가 다음
주자로 뛰마.

악당에게 펫을
넘겨주어선
안 돼!

휘릭

휘릭

휘릭

야호!
쿠키나라를 구했던
영웅들이 왔다!
이길 수 있겠어!

척

척

미끌

휘청

헐...

으아아아아

푸하하

얼음에 미끄러져 떨어졌구먼.

저 노인(老人)들은 옛날에나 영웅이었지, 지금은 아니야.

끄으으...

으으...

젊은 시절의 실력을 유지하고 있는 건 나와 용사맛 쿠키 정도라고.

씨익

이를 어째...

어서 선수 교체를 해야 해!

내가
가겠어.

오빠!

뱀파이어맛
쿠키!

펑

탁

쉬이이

뱀파이어 성의
주인으로서 이 경기를
마무리 짓고 싶어.

훔쳐간
펫이나 내놔!

늑대 쿠키와 오해도
풀고 싶고.

함께 포도
주스 한 잔?

척

너도 포도 주스
싫어하는구나…

챙그랑

쿠키나라에는 나를 따르는 부하들이 많아.

굴뚝 마녀와 붉은 용의 힘에 그 누구도 반항하지 못하거든.

이럴 수가…!

길 잃은 가엾은 여행자였는데…!

코코아맛 쿠키는 악당이라기엔 너무 약하잖아.

탁

선수 교체.

그래, 나는 약해. 달리기도 못하고.

히잉~

씨익

귀여워!

과연 그럴까?

파앗

바보들아ー!

퍽

퍽

퍼억

척

망신스러운 남자들….

오아아

오아아아

코코아맛 쿠키에겐 엄청난 무기가 있다는 사실을 모르고 있군.

자, 이제 따끈한 코코아를 마실 시간이야~!

따끈~

달콤한 코코아!

맛있겠다!

휘익

퐁

코코아는 아무리 마셔도 질리지 않아.

이제 다 함께 코코아를 나눠 마시는 건가?

포도 주스랑 건배하자~!

챙

내 거대 코코아컵으로 얼음 위를 달리는 게 더 재미있을 것 같은데?

화악

코코아컵이 코코아맛 쿠키의 무기였어!

이걸로 한 방에 얼음 위를 미끄러져 갈 거야. 장애물을 다 깨뜨려 버리면서―!

코코아맛 쿠키,
달려라! 펫 알을
모두 가져와!

네! 불꽃정령
쿠키님!

간다!

쉬이이이

뱀파이어맛
쿠키도 어서
달려!

오빠,
달려!

알았어!

휘익

쉬이이이

차아아아아

우왓!

코코아다! 달콤해!

뱀파이어 성의 주인이 생각보다 너무 느린데? 이래서 성을 지킬 수 있겠어?

어느새 바로 뒤?!

툭

코코아컵을 탱크처럼 밀어붙였어!

뱀파이어맛 쿠키가 떨어진다!

으아아

으악!

촤아아

촤촤촤

틱

쉬이이이

이럴 수가!

뱀파이어맛 쿠키, 힘내게. 자네는 이 경기장의 주인이야!

에꾸꾸~

그래, 절대 포기해서는 안 돼.

뱀파이어 조상들이 물려주신 경기장에서 질 수 없어.

오빠….

평소에 운동 좀 할걸.

뱀파이어 조상님들, 제게 힘을 주세요!

헉

헉

헉

연금술사맛 쿠키야, 그리고 뱀파이어맛 쿠키야.

아, 아버지!

헉

헉

갑자기 왜 옛날 생각이 나는 거지?

너희는 밤마다 나타나는 경기장에서 열심히 훈련해야 한다.

우린 강한 뱀파이어 쿠키들이니까.

저는 실험하느라 바빠요.

전 포도 주스나….

뱀파이어맛 쿠키도 아빠처럼 포도 주스를 좋아하는구나.

아빠는 포도 주스를 통째로 마셔요?

파앗

아니야. 이건 참나무 주스통이라는 아빠의 펫이란다.

반짝

반짝

펫이라니요?

펫은 주인이 위험에
처할 때마다 나타나 도와주는
든든한 친구야.

와아

참나무 주스통은
포도 주스를 좋아하는
우리 뱀파이어들과
오랜 세월 함께
살아왔지.

우리 모두
포도 주스
한 잔?

뽀로롱

펑

참나무 주스통?

저게 뭐야?

갑자기 이상한
통이 나타났어!

왜 아버지의 참나무 주스통이 경기장에 있지?

쉬이이

넌 아버지의 펫이잖아?

포도 주스나 마시고 있을 때가 아니야! 어서 뛰어!

아버지의 펫이야!

세상에…!

다 다 다 다

아버지의 펫이 경기장에 남아서 뱀파이어 후손들을 기다리고 있었던 거야!

뱀파이어들이 위험에 빠질 때마다 나타나 도와준다는 참나무 주스통.

뱀파이어 가문의 명예를 걸고 이 경기에서 이기고 말겠어!

팟

크아아아

저기, 뱀파이어맛 쿠키 좀 봐!

역시 뱀파이어 가문…!!

오빠!

세상에, 말도 안 돼!

저게 뭐야?

어기적

어기적

곧 해가
뜰 거야.

해가 뜨면
경기장은
닫힌다고!

오빠,
서둘러!

해가 뜨기 전에
펫 알을
빼앗아야 해.

휘이이

그건 늑대 쿠키들의
것이었단 말이다…!

참나무통으로 코코아컵을 깨 버리겠어!

바보 같은 짓 하지 마! 나무통과 도자기 컵 중 뭐가 더 단단하겠어!

차아아

그건 부딪쳐 봐야 알지~!

파 악

뱀파이어 쿠키를 쳐 버리고 내가 출구로 들어갈 거야!

펫 알은 늑대 쿠키들의 것이야!

휘익

코코아맛 쿠키를 도와야겠어. 펫 알을 붉은 용에게 바쳐야 해!

콰아아

3권 한자 집중 탐구

7급 老

부수 老 늙을 로

늙을 **로**

★ 敬老 (경로)
노인(老人)을 공경함.

★ 老少 (노소)
늙은이와 어린아이.

4급 城

부수 土 흙 토

성 **성**

★ 高城 (고성)
①높은 성.
②고성군(高城郡).

★ 山城 (산성)
산 위에 쌓은 성.

4급 毒

부수 毋 말 무

독 **독**

★ 毒心 (독심)
독살스러운 마음.

★ 毒性 (독성)
①독기가 있는 성분.
②독한 성질.

6급 藥

부수 艹 풀 초

약 **약**

★ 藥代 (약대)
약값. 약을 사는 데 드는
비용.

★ 藥師 (약사)
국가의 면허를 받아
약에 관한 일을
맡아보는 사람.

4급 解

부수 角 뿔 각

풀 **해**

★ 解剖 (해부)
생물체를 갈라서 내부
구조나 병, 죽음의 원인을
조사하는 일.

★ 解夢 (해몽)
꿈에 나타난 일의
좋고 나쁨을 판단함.

특급 秘

부수 禾 벼 화

숨길 **비**

★ 秘法 (비법)
공개하지 않고
비밀리에 하는 방법.

★ 秘策 (비책)
아무도 모르게 숨긴 계책.

4급 密

부수 宀 집 면

빽빽할 **밀**

★ 密令 (밀령)
남모르게 명령을 내림.
또는 그 명령.

★ 密事 (밀사)
몰래 하는 일.

8급 父

부수 父 아비 부

아비 **부**

★ 父子 (부자)
아버지와 아들.

★ 父母 (부모)
아버지와 어머니.

8급 부수 女 여자 녀

女

여자 녀

★ 男女 (남녀)
남자와 여자.
★ 長女 (장녀)
맏딸.

6급 부수 弓 활 궁

強

강할 강

★ 強制 (강제)
억지로 시킴.
★ 強化 (강화)
강하게 함.

4급 부수 糸 실 사

繼

이을 계

★ 繼承 (계승)
조상의 전통이나
문화유산, 업적 따위를
물려받아 이어 나감.
★ 繼續 (계속)
끊이지 않고 이어 나감.

7급 부수 木 나무 목

林

수풀 림

★ 密林 (밀림)
나무들이 빽빽하게
들어선 깊은 숲.
★ 林野 (임야)
숲과 들을
아울러 이르는 말.

8급 부수 水 물 수

水

물 수

★ 水分 (수분)
물기.
★ 生水 (생수)
샘구멍에서 솟아 나오는
맑은 물.

4급 부수 虫 벌레 훼

蟲

벌레 충

★ 昆蟲 (곤충)
곤충강에 속한 동물을
통틀어 이르는 말.
★ 蟲齒 (충치)
세균의 영향으로
벌레가 파먹은 것처럼
이가 침식되는 질환.

5급 부수 宀 집 면

害

해로울 해

★ 妨害 (방해)
남의 일에 헤살을 놓아
해를 끼침.
★ 災害 (재해)
지진, 태풍, 가뭄, 화재,
전염병 등에 의해
받게 되는 피해.

6급 부수 風 바람 풍

風

바람 풍

★ 風景 (풍경)
어떤 경치나 상황.
★ 熱風 (열풍)
몹시 사납고 거세게 부는
바람.

★ '부수'란?   부수는 자전(옥편)에서 한자를 찾는 기준이 되는 글자로, 한자의 뜻과 연관이 있어요. 예를 들어
木(나무 목)을 부수로 쓰는 한자의 뜻은 '나무'와 연관이 있어요. 또, 부수에 해당하는 한자가 다른 글자와 만나면
모양이 조금씩 변하기도 해요. 信(믿을 신)의 亻은 人(사람 인)이 변형된 한자예요. 부수의 수는 총 214자입니다.

3급	부수 艹 풀 초
莫 없을 **막**	★ 莫大 (막대) 몹시 크거나 더할 수 없이 많음. ★ 莫重 (막중) 더할 수 없이 중요함.

7급	부수 雨 비 우
電 번개 **전**	★ 電力 (전력) 전류가 단위 시간에 하는 일. ★ 發電 (발전) 전기를 일으킴.

6급	부수 石 돌 석
石 돌 **석**	★ 石油 (석유) 땅속에서 천연으로 나는, 탄화수소 주성분의 가연성 기름. ★ 巖石 (암석) 지각을 구성하고 있는 단단한 물질.

5급	부수 水 물 수
氷 얼음 **빙**	★ 結氷 (결빙) 물이 얾. ★ 氷雪 (빙설) 얼음과 눈을 아울러 이르는 말.

한자 필순의
원칙을 알아보자!

★ '한자의 필순'이란?

: 한자를 보기 좋고 빠르게 쓰기 위해, 쓰는 순서를 정한 것.

🌰 한자의 기본 필순 🌰

❶ 왼쪽에서 오른쪽으로 쓴다.

❷ 위에서 아래로 쓴다.

❸ 가로획과 세로획이 교차될 때는 가로획을 먼저 쓴다.

❹ 삐침과 파임(오른쪽으로 비스듬하게 내려 쓰는 한자)이 만날 때는 삐침을 먼저 쓴다.

❺ 좌우로 대칭되는 형태의 한자는 가운데 부분을 먼저 쓰고 왼쪽, 오른쪽 순서로 쓴다.

❻ 안쪽과 바깥쪽이 있을 때는 바깥쪽을 먼저 쓴다.

❼ 글자 전체를 꿰뚫는 획은 나중에 쓴다.

❽ 오른쪽 위의 점은 맨 나중에 찍는다.

❾ 받침으로 쓰이는 글자 중 走(달릴 주)는 받침을 먼저 쓰고, 辶(쉬엄쉬엄 갈 착)은 받침을 나중에 쓴다.

'신비아파트'의 또 다른 이야기!
전 세계로 떠나는 신비 일행의 오싹 공포 모험!

신비아파트
고스트 탐험대
―― 1~10권 ――

1권 서유럽
벨기에, 네덜란드, 프랑스, 영국, 아일랜드

2권 중유럽
독일, 폴란드, 헝가리, 스위스, 오스트리아

3권 남유럽
이탈리아, 불가리아, 포르투갈, 스페인, 그리스

4권 북유럽
스웨덴, 덴마크, 핀란드, 노르웨이, 러시아

5권 북아메리카
캐나다, 미국, 쿠바, 멕시코

6권 남아메리카
페루, 브라질, 아르헨티나, 칠레

7권 동아시아
일본, 대만, 중국, 몽골

8권 동남아시아
베트남, 태국, 인도네시아, 인도

9권 아프리카
이집트, 에티오피아, 케냐, 남아프리카공화국

10권 호주·중동
호주, 터키, 이란, 이스라엘

카카오톡에서
서울문화사 어린이책
친구 추가하세요.

각 권 값 9,800원   구입문의 02)791-0754(출판영업)   서울문화사